Gunnar Schulze

Bonhoeffers Interpretation biblischer Begriffe

GRIN Verlag

Bibliografische Information der Deutschen Nationalbibliothek:

Die Deutsche Bibliothek verzeichnet diese Publikation in der Deutschen National-
bibliografie; detaillierte bibliografische Daten sind im Internet über http://dnb.d-
nb.de/ abrufbar.

Impressum:

Copyright © 2005 GRIN Verlag GmbH
Druck und Bindung: Books on Demand GmbH, Norderstedt Germany
ISBN: 978-3-640-74092-5

Dieses Buch bei GRIN:

http://www.grin.com/de/e-book/72840/bonhoeffers-interpretation-biblischer-
begriffe

GRIN - Your knowledge has value

Der GRIN Verlag publiziert seit 1998 wissenschaftliche Arbeiten von Studenten, Hochschullehrern und anderen Akademikern als eBook und gedrucktes Buch. Die Verlagswebsite www.grin.com ist die ideale Plattform zur Veröffentlichung von Hausarbeiten, Abschlussarbeiten, wissenschaftlichen Aufsätzen, Dissertationen und Fachbüchern.

Besuchen Sie uns im Internet:

http://www.grin.com/

http://www.facebook.com/grincom

http://www.twitter.com/grin_com

Ernst - Moritz - Arndt Universität Greifswald]

Referat

Bonhoeffers Interpretation biblischer Begriffe

Gunnar Schulze

Wiedergabe der Gedanken Bonhoeffers aus seinen Gefängnisbriefen 3

Der theologische Ansatz 7

Fazit 10

Literatur: 12

Bei der Interpretation biblische Begriffe handelt es sich bei Bonhoeffer um die

Frage, wie es wohl sein könnte:

Religionslose, weltliche Interpretation der biblischen Begriffe.

Seine Gedanken hat er nicht wissenschaftlich, theologisch erörtert, sondern

lediglich in seinen privaten Briefen geäußert.

Dennoch ist das Problem dem sich Bonhoeffer stellte, zu einer Frage an die

Kirche und für die Kirche geworden.

Es war nicht Bonhoeffers Ziel, eine neue Sprache zu erfinden, sondern vielmehr

wollte er zu einem neuen Sein von Christ und Kirche aufrufen

An dieser Stelle war/ist die Kirche gefordert, weniger in einer Stellungnahme

sich mit dem pro oder contra zu befassen, als vielmehr Bonhoeffers Gedanken

verantwortlich weiter zu denken und sich in einer neuen geistigen

Auseinandersetzung mit der Welt zu üben und eine neue Sprache dafür zu

finden.

Wiedergabe der Gedanken Bonhoeffers aus seinen Gefängnisbriefen

Beginnen werde ich mit der Wiedergabe einiger Gedanken zu diesem Thema, wie sie in Bonhoeffers Briefen aus dem Gefängnis ab April 1944 zu finden sind.

1. Bonhoeffer beginnt seine Ausführungen mit einer Analyse der jetzigen Zeit und konstatiert, dass wir in einer religionslosen Zeit leben. Er stellt die These auf, dass die Zeit der Innerlichkeit und des Gewissens vorbei ist und sagt: „dass wir einer völlig religionslosen Zeit entgegengehen."

Weiter meint er, dass es sich zeigt, dass der religiöse Vernunftsatz unserer Theologie nicht existiert, sondern nur menschliche Ausdrucksform ist.

Dabei versteht Bonhoeffer unter Religion oder unter religiösem Reden einerseits metaphysisch, anderseits individualistisch reden.

So ist z. B. die Frage nach dem persönlichem Seelenheil als individualistische Frage eine religiöse. Wo menschliche Erkenntnis und Kräfte versagen, dort lässt Gott religiöses Reden und Denken als „deus ex machina" aufmarschieren.

Gott hat hier die bestimmte Aufgabe die Lösung für unlösbare Probleme (beispielsweise in Wissenschaft, Gesellschaft, Ethik) oder als Kraft bei menschlichem Versagen (wie Not, Sünde, Schuld) zu sein.

Bonhoeffer glaubt nun an seinem Umfeld beobachten zu können, dass dieser „deus ex machina" immer überflüssiger wird, da der Mensch gelernt hat, in allen wichtigen Fragen mit sich selbst fertig zu werden, ohne Gott zu Hilfe zu nehmen.

Diese Autonomie wird üblicher Weise in der Formel „etsi deus non daretur" (auch wenn es keinen Gott gäbe) zum Ausdruck gebracht, mit der die Unabhängigkeit des Naturrechts von einen Gottesbegriff behauptet wird.

Folgt man Bonhoeffer lebt <u>die Welt</u> so: „etsi deus non daretur". Er sagt, dass im menschlichen Leben eben so wie im wissenschaftlichen Bereich Gott immer mehr verdrängt wird und er somit seine Vormundschaft gegenüber dem Menschen verloren hat. Der Mensch ist also mündig geworden.

Später stellt Bonhoeffer dann auch noch fest, dass es auf die allgemeinen menschlichen Fragen von Tod, Leiden und Schuld menschliche Antworten gibt, die Gott außen vor lassen.

Somit stellt er fest: Die Welt ist mündig geworden.

2. Dieser Situation, der mündigen Welt, steht nun die Theologie der Kirche mit einer großen Hilflosigkeit gegenüber.

Bonhoeffer macht der Theologie ganz allgemein zum Vorwurf, dass sie sich zum einen mit dieser Entwicklung abgefunden hat und daher den Rückzug angetreten habe und anderseits aber eine vergebliche Attacke gegen dieselbe Entwicklung reite. So beobachtet er die Verdrängung der Kirche aus der Welt – aus der Öffentlichkeit und den Rückzug auf den Bereich des „Persönlichen" und des „Innerlichen".

So werden nach Bonhoeffer die inneren Schwächen der Menschen aufgespürt und so wird gemeint, dass das Wesen des Menschen nur in seinem Innersten bestehe.

Von den so genannten letzen Fragen – Tod, Schuld, und Leiden – versucht man dann apologetisch eine Attacke auf die Mündigkeit der Welt vorzutragen, indem versucht wird, dem glücklichen Menschen nachzuweisen, dass er in Wirklichkeit ja unglücklich und verzweifelt sei. Diesen Versuch verurteilt Bonhoeffer als sinnlos und unchristlich. Überhaupt versteht Bonhoeffer es als Fehler der Theologie, dass sie religiös denkt und argumentiert. So meint er, die Theologie verstehe z. B. Erlösung als Erlösung von Sorgen, Nöten, Ängsten usw. und preist Gott als letzte Lösung an, die verschiedenen letzten Fragen der Menschen zu lösen. Als Beispiel zeigt er hier die Auferstehung als die Lösung des Todesproblems auf.

Bonhoeffer verwehrt sich dagegen, dass man Gott hier einerseits als Lückenbüßer eine Rolle spielen lässt und anderseits die Religion zur Bedingung des Heils macht. Er begründet dies mit der paulinischen Freiheit von der Beschneidung und setzt dies gleich, mit der heutigen Freiheit von der Religion.

Dagegen bekennt sich Bonhoeffer ausdrücklich zu der Aussage, dass wir in dieser Welt ohne Gott leben müssen (etsi deus non daretur). Bonhoeffer erkennt unsere Mündigkeit - nicht mehr nur als eine nachweisbare Tatsache unserer Erfahrung, sondern theologisch vor

Gott. Er sagt, Gott selbst zwingt uns zu dieser Erkenntnis und so soll der Blick frei werden für den Gott der Bibel.

Das Fazit für Bonhoeffer ist hier: Der religiöse Mensch wendet sich in seiner Not an die Macht Gottes in der Welt. Die Bibel verweißt den Menschen wiederum an die Ohnmacht Gottes. So macht den Christen nicht der religiöse Akt, sondern die Teilnahme am Leiden Gottes in der Welt aus.

3. Von dieser Erkenntnis aus kommt Bonhoeffer dann zu dem eigentlichem positiven Thema seiner Gedanken.

Er nimmt die durch Christus, den die Bibel verkündigt, mündig gewordene Welt in Anspruch, so dass Gott gerade durch seine Ohnmacht in der Welt Macht und Raum gewinnt.

Hier habe, so meint er, die weltliche Interpretation anzusetzen, die nichts anderes ist, als die Verkündigung der Herrschaft Christi. Christus ist also nicht Gegenstand der Religion, sondern Herrscher der Welt und nimmt somit das ganze menschliche Leben für sich in Anspruch. Daher müssen Christus und Gott mitten Leben erkannt werden.

Von dieser Erkenntnis aus, so meint Bonhoeffer, stellt sich nun die Aufgabe, die Botschaft der Bibel neu zu hören und also in diesem Sinne weltlich zu interpretieren.

Der theologische Ansatz

1. Um Bonhoeffers Interpretation biblischer Begriffe zu verstehen sollen jetzt die „Ethik" und die „Nachfolge" nach dem Weg und der Struktur seines theologischen Denkens befragt werden.

In der „Nachfolge" zeichnet seine spätere Forderung einer religionslosen Interpretation und sein Kampf gegen das religiöse Missverständnis der Evangeliums ab.

Er kämpft hier gegen die billige Gnade, die eine Gnade ist, die wir nur mit uns selbst haben. Gottes Gnade ist hingegen teuer, da sie uns in die Nachfolge ruft.

Das Missverständnis der Gnade glaubt Bonhoeffer in dem religiösem Instinkt des Menschen zu finden. Somit ist für ihn die billige Gnade das religiöse Verständnis von Gnade.

Bonhoeffer deutet hier den Gegensatz zwischen Evangelium und Religion an, führt dies aber nicht weiter aus. Folgt man nun seinen Gedanken in „Widerstand und Ergebung" wird deutlich, dass das Interesse des religiösen Instinktes an der Gnade nur das persönliche Seelenheil ist.

Die Frage nach dem Seelenheil ist eine typisch religiöse und bedient sich Gottes zur Lösung der menschlichen Lebensprobleme. Gottes Gnade wird damit in den Dienst des religiösen Interesses gestellt. So wird die

Predigt, die Verkündigung der billigen Gnade. Dagegen nimmt uns die teure Gnade in den Dienst Gottes.

Als Christen, sagt Bonhoeffer, haben wir es nicht mit christlichen Ideen, Ideologien und Prinzipien zu tun, sondern mit dem lebendigem, leiblich gegenwärtigem Christus, der uns in die Nachfolge nimmt. Der Glaube ist daher keine religiöse Überzeugung (und Bonhoeffer sagt, Religion ist leiblos), sondern Gehorsam gegen den Herrn.

Hier zielt Bonhoeffer auf eine weltliche Interpretation ab. Einmal darin, dass er Mut hat, von dem Christen das Tun zu fordern und zum anderen, dass er dieses Tun betont als leibliches Tun in dieser Welt entfaltet.

Zugleich ist seine Interpretation eine unreligiöse, da die Gnade nicht in den Dienst des Menschen, sondern der Mensch in die Nachfolge und also in den Dienst der Gnade Gottes gestellt wird.

2. Noch anschaulicher wird die religionslose und weltliche Interpretation biblischer Begriffe in den Aufsätzen zur Ethik.

Auf der einen Seite verstärkt Bonhoeffer die Polemik gegen das Religiöse und weißt darauf hin, dass die Kirche es nicht mit der religiösen Funktion des Menschen zu tun hat, sondern mit dem ganzen Menschen an sich! So geht es in der Kirche nicht um Religion, sondern ausschließlich um die Person Christi.

Auf der anderen Seite wird das Bekenntnis zur Weltlichkeit immer betonter.

Als wirkliche Welt bezeichnet Bonhoeffer die Welt, die mit Gott versöhnt ist. Was Bonhoeffer in seiner Ethik über die Wirklichkeit sagt, macht seine Forderung nach einer weltlichen Interpretation verständlich.

So fragt er nach meiner Wirklichkeit und der Wirklichkeit dieser Welt und antwortet mit dem Hinweis auf die Wirklichkeit Gottes als letzte Wirklichkeit. Diese Wirklichkeit Gottes ist in Jesus Christus in die Wirklichkeit der Welt eingegangen. So kann man also von der wirklichen Welt, als die mit Gott versöhnte Welt sprechen. Die von Bonhoeffer geforderte weltliche Interpretation kann somit auch nur diese mit Gott versöhnte Welt meinen. Maßstab der weltlichen Interpretation ist also nicht Welterfahrung und Weltwirklichkeit, sondern die Offenbarung als das Eingehen der Wirklichkeit Gottes in die Wirklichkeit dieser Welt.

Bonhoeffer spricht sich in seiner Ethik gegen das gewohnte theologische Denken in zwei Räumen aus, von denen der eine göttlich, übernatürlich und christlich, der andere weltlich, profan und unchristlich ist.

Es gibt für ihn nur eine Wirklichkeit, den Raum der Christusverwirklichung. Er will nicht die Unterscheidung zwischen weltlich und christlich treffen und fordert daher die weltliche Interpretation biblischer Begriffe, die aber nur verstanden werden kann, wenn die Bereitschaft vorhanden ist, das Denken in den beiden Wirklichkeiten, den beiden Räumen aufzugeben.

Fazit

In einem Fazit soll noch einmal die Frage gestellt werden, warum sich Bonhoeffer um eine weltliche Interpretation der Bibel Gedanken machte.

Wie bereits erwähnt, erkannte er, dass sich die Theologie am Beginn einer neuen Stunde, die bestimmt ist, von der Begegnung mit der Soziologie, befand.

Bonhoeffer erkannte, dass diese Entwicklung zwar sehr verheißungsvoll für die Theologie sein kann, für die Kirche und ihr Handeln aber nicht gänzlich ungefährlich.

Freilich hatte sich auch in kirchlichen Kreisen bereits herumgesprochen, dass die Welt anders geworden ist, und die Zeit drängte sich den Veränderungen zu stellen, die beispielsweise die Technisierung für die Lebensweise des Menschen mit sich gebracht hatte

Nun bestand aber die Gefahr darin, dass die Kirche in einer Torschlusspanik verzweifelt nach neuen Methoden kirchlicher Arbeit suchte, und meinte, darin die Rettung zu finden.

Bonhoeffer erkannte diesen Fehler der Kirche. Er wies darauf hin, dass mit neuen kirchlichen Methoden nichts ausgerichtet ist, wenn es nicht zuerst gelingt, die Verkündigung des Evangeliums auf den Menschen unserer Zeit zuzuspitzen. Also den Menschen unserer Zeit dort abzuholen, wo er sich wirklich befindet.

Bonhoeffer betont, dass das Zentrum des kirchlichen Handelns die Verkündigung ist und bleibt. Und nur die Verkündigung ist die einzige Hilfe, die die Kirche dem Menschen zu geben hat.

Daher ergibt sich also nun die Aufgabe, das Evangelium mit der Sozialstruktur der Gegenwärtigen Welt zu konfrontieren, also das Evangelium so zu formulieren, dass es dem Menschen in der technisierten, veränderten Welt als frohe Botschaft hörbar werde.

In Bonhoeffers Versuch einer weltlichen Interpretation liegt der Ansatz zu einer solchen Verkündigung, die dem Menschen in der gegenwärtigen Welt wieder zu überzeugender Sinndeutung werden kann.

Literatur:

Karnetzki, Manfred: Zu Bonhoeffers Interpretation biblischer Begriffe, in: Zeichen der Zeit, 1957, S. 8 – 15.

Karnetzki, Manfred: Von der religionslosen zur sozialen Interpretation der Bibel, in: Zeichen der Zeit, 1958, S. 164 – 169.